Les Petits Génies
et le magicien invisible

L'auteur : Kenneth Oppel est né à Port Alberna, au Canada, il y a une trentaine d'années. Il vit aujourd'hui à Toronto, avec sa femme et ses deux enfants. Diplômé de l'université de Toronto en cinéma et en littérature anglaise, il a publié une vingtaine de livres pour les adultes et les plus jeunes. Bayard a déjà publié sa trilogie *Silverwing*, *Sunwing* et *Firewing*.

L'illustrateur : Serge Prud'homme est né en 1968 à Saint-Étienne. Dans la cour de l'école primaire, comme il est le seul à ne pas posséder la vignette Panini du footballeur Dominique Rocheteau, il décide de reproduire le portrait du joueur en le dessinant. C'est le début d'une longue carrière de dessinateur. Aujourd'hui, il partage son temps entre ses deux enfants, sa femme et le dessin. Depuis 2002, il travaille principalement pour l'édition jeunesse.

À Philippa

Titre original : *A Strange Case of Magic*

Loi n° 49 956 du 16 juillet 1949
sur les publications destinées à la jeunesse.
Dépôt légal : novembre 2004 – ISBN : 2 7470 1451 7
Imprimé en Allemagne par Clausen & Bosse

100% AVENTURE !

Les Petits Génies et le magicien invisible

Kenneth Oppel

Traduit de l'anglais (Canada)
par Luc Rigoureau
Illustré par Serge Prud'homme

BAYARD JEUNESSE

1
Allergique aux livres

Chris Barnes regarda sa montre.

Tina et Kevin étaient en retard. Cela ne leur arrivait presque jamais, surtout quand ils venaient à la bibliothèque.

Chris aimait la vieille bibliothèque. Il aimait la salle de lecture vaste et claire avec ses grandes fenêtres cintrées et ses parquets vernis.

Il en aimait aussi les bruits : le froissement doux du papier, les murmures des

lecteurs et les ronflements de Mlle Hibbins derrière son bureau.

– Mademoiselle Hibbins…, chuchota Chris en lui effleurant le bras.

– Oh ! Bonjour ! dit-elle en se redressant brusquement. Je m'étais endormie ?

Chris hocha la tête.

– Je fais de mon mieux pour résister, Chris, je t'assure. Malheureusement, cet endroit est si ennuyeux…

– Vous êtes la bibliothécaire, mademoiselle Hibbins…, lui rappela Chris.

– Je sais, je n'ai pas le choix. Mais, toi, qu'est-ce qui t'amène ici ?

– J'attends Tina et Kevin.

– Tu vas être en bonne compagnie, je dois le reconnaître. Je croyais pourtant qu'ils ne parlaient qu'aux génies. Es-tu un génie, Chris ?

– Eh bien, ils veulent bien de moi, répondit le garçon, gêné. Mais je ne pense pas être un vrai génie.

– C'est que les génies sont plutôt rares, le réconforta Mlle Hibbins. Une fois, Tina a réparé ma télévision, tu sais. Ça m'a coûté les yeux de la tête, mais je n'ai plus de problèmes depuis. Cette gamine est une vraie éponge, elle retient tout ce qu'elle apprend.

– Elle est très intelligente, reconnut Chris, un peu envieux.

Ce n'était pas facile d'avoir des génies

pour amis. Tina et Kevin Einstein passaient leur temps à mettre au point des inventions incroyables, des gadgets étonnants qui bipaient, bourdonnaient, crachaient de la fumée et des étincelles. Tina effectuait les multiplications plus vite qu'une calcu-

latrice ; elle était capable de deviner le nombre exact de caramels durs que contenait un grand bocal de verre rien qu'en le regardant. Elle comprenait même les notices d'instructions des meubles à monter soi-même. Aucun doute, elle était un génie.

À cet instant, les portes de la bibliothèque s'ouvrirent à toute volée, et Tina Einstein entra à grands pas.

Elle était très menue, et ses deux nattes blondes raides tombaient impeccablement de chaque côté de sa tête. Dans sa main, elle tenait un livre de poche. Elle était suivie de Kevin, qui

titubait sous le poids d'une pile d'ouvrages si haute qu'il voyait à peine où il mettait les pieds. Seules quelques mèches de ses boucles rousses étaient visibles au-dessus du tas de livres. Plusieurs autres volumes étaient coincés sous ses bras. Il suivit sa sœur aînée en chancelant jusqu'à la salle de lecture.

– Euh… Tina…, commença-t-il.

– On y est presque, Kevin, l'interrompit la fillette.

Kevin fit un pas incertain vers la droite, un autre vers la gauche, son chargement oscillant dangereusement d'un côté et de l'autre.

– Je crois que je vais…

Trop tard ! Kevin éternua violemment, et l'énorme pile de livres s'écrasa au sol.

– Oh ! Joli travail, Kevin ! s'emporta Tina.

– Je te l'ai dit, je suis allergique aux livres ! s'exclama le garçon.

– Non, tu n'es pas allergique aux livres, répliqua sévèrement sa sœur.

– Et puis d'abord, je ne vois pas pourquoi je dois tous les porter !

Chris alla aider Kevin à ramasser les volumes éparpillés.

– Salut, Barnes ! le salua Tina. Désolée d'être en retard. Comme tu peux le voir, Kevin a quelques problèmes pour marcher. Ce n'est pourtant pas très compliqué.

– Essaie donc de trimballer vingt livres en même temps ! marmonna son frère, indigné.

– C'est une question d'équilibre et d'attention, répondit Tina d'un ton savant. Tu n'y as pas pensé, n'est-ce pas ?

– Heu… non.

– Eh bien, tu le sauras, la prochaine fois. Bonjour, mademoiselle Hibbins. Nous vous rapportons quelques ouvrages.

– Ils étaient drôlement ennuyeux, chuchota Kevin à Chris tandis qu'ils déposaient les livres sur le comptoir. Il n'y avait presque pas d'images.

– N'oublie jamais, Kevin, le gronda Tina, que tu as une petite cervelle.

– Tu vois un peu ce que je dois endurer ? glissa le rouquin à Chris avec des airs de martyr.

– Qu'est-ce que nous cherchons, aujourd'hui, Tina ? demanda Chris.

– J'ai besoin de quelques manuels supplémentaires pour ma dernière invention.

– Et c'est quoi, ta dernière invention ?

– J'ai bien peur de ne pas pouvoir te répondre.

– Pourquoi ?

– Elle n'est pas encore terminée.

Chris leva les yeux au ciel.

– Ne t'inquiète pas, le rassura Kevin. Elle ne l'a même pas dit à moi, qui suis son frère et un génie comme elle, qui plus est !

Il jeta un coup d'œil méfiant à Tina pour voir si elle protestait.

– Bon, déclara vivement cette dernière, assez perdu de temps ! Descendons à la réserve !

2
Livres magiques

La réserve de livres se trouvait au sous-sol. Elle s'étendait sur deux niveaux. L'escalier qui y menait était étroit et mal éclairé. Chris aimait bien aller dans cet endroit secret et mystérieux. Il avait l'impression d'être un archéologue explorant un tombeau enfoui sous la terre. Il erra le long des hauts rayonnages, cherchant parmi les numéros inscrits sur le dos des livres ceux que Tina avait griffonnés sur un bout de papier. Ses pas résonnaient sur les passerelles métalliques. Quand il regardait en bas, il distinguait la tête des gens en dessous. Au loin, il entendait les voix étouffées de Tina et Kevin.

Au bout de quelques minutes, il trouva l'un des ouvrages de Tina, sur la plus haute étagère. Il tira vers lui un escabeau, grimpa dessus et attrapa le volume. Du sommet de son perchoir, il dominait tous les rayonnages.

Soudain, quelque chose attira son attention. Il faillit pousser un cri : un livre avait glissé hors de sa place et flottait dans l'air. Chris en resta bouche bée. Il se frotta les yeux avec les poings pour s'assurer qu'il ne rêvait pas. L'ouvrage s'ouvrit tout seul, et ses pages tournèrent d'elles-mêmes comme si une main invisible le feuilletait.

Chris prit une profonde inspiration. Tout à coup, un deuxième volume fila de sa place et se posa sur le livre fantôme.

Magie

Lentement, Chris descendit de l'escabeau. Sur la pointe des pieds, il contourna les étagères et alla retrouver Tina et Kevin.

– Il se passe quelque chose, murmura-t-il. Je pense que vous devriez venir voir.

– Ce n'est pas possible, Barnes, rétorqua Tina. Je suis très occupée, pour le moment.

– Je vous jure, vous ne le regretterez pas.

– Pourquoi ?

– Venez voir vous-mêmes, ça vaut mieux, dit Chris.

Un doigt sur les lèvres, il les entraîna sans bruit jusqu'à l'endroit où il avait vu les livres voler. Arrivés au coin du rayonnage, tous trois levèrent la tête.

Stupéfait, Kevin ouvrit des yeux comme des soucoupes ; Tina, elle, garda son sang-froid.

Une pile de six ou sept ouvrages planait dans l'air.

– Fascinant, marmonna Tina.

– Euh… Tina…, chuchota Kevin.

– Pas maintenant.

– At… at… atchoum !

Chris sursauta. Tina sursauta. Même les livres volants parurent exécuter un saut. Puis, toujours suspendus dans l'air, ils s'éloignèrent le long de l'allée.

Chris crut entendre des pas qui résonnaient sur le sol métallique, mais ils s'estompèrent rapidement.

Tina foudroya son frère du regard.

– Tu as vraiment choisi ton moment pour éternuer ! lui reprocha-t-elle.

– C'est la faute de tous ces livres, protesta Kevin, penaud. Qu'est-ce que j'y peux, moi ?

– J'aurais aimé avoir plus de temps pour les observer ! soupira sa sœur.

Chris s'approcha avec précaution du grand trou sur l'étagère.

– C'étaient tous des livres de magie, annonça Tina.

Chris lui jeta un coup d'œil surpris :

– Comment tu le sais ?

– Barnes, commença Tina, je ne pense pas que j'exagère en affirmant que j'ai lu la plupart des ouvrages de cette bibliothèque. C'est ici, continua-t-elle en montrant le rayon vide, que l'on range les manuels de prestidigitation. Je reconnais le numéro de l'étagère.

– Et maintenant, les livres ont tous disparu, marmotta Kevin en secouant la tête.

– C'était comme si quelqu'un d'invisible les emportait, expliqua Chris. Quelqu'un, ou quelque chose !

– Des fantômes ! s'exclama Kevin.

– Tout à fait possible, approuva Tina. Il me semble que nous devrions avoir une petite discussion avec Mlle Hibbins.

3
Un fantôme à la bibliothèque ?

– Je viens de voir passer une pile de livres ! s'écria Mlle Hibbins en s'épongeant le front avec un morceau de journal.

L'encre déteignit sur sa peau moite, si bien que Chris put lire les gros titres du jour.

– Nous avons vu la même chose, la rassura-t-il en lui tapotant le bras.

– C'est la première fois de ma vie que je vois une chose pareille ! poursuivit la bibliothécaire, dont le regard brillait d'un éclat inhabituel. Ils ont franchi la porte sans s'arrêter !

– Mademoiselle Hibbins, demanda Tina avec solennité, avez-vous déjà constaté des désordres fantomatiques dans cette bibliothèque ?

Les yeux de Mlle Hibbins s'écarquillèrent, et sa bouche trembla légèrement quand elle chercha ses mots :

– Euh… Je… non ! Nous avons bien eu Roger, il y a des années de cela. Mais ce n'était pas un fantôme, même si les gens le trouvaient assez bizarre. Il faut dire qu'il était extrêmement pâle…

– Mademoiselle Hibbins, l'interrompit doucement Chris, il se pourrait qu'un fantôme hante votre bibliothèque.

La bibliothécaire regarda nerveusement autour d'elle pour vérifier si personne n'écoutait.

– Ici ? chuchota-t-elle.

– Quelqu'un ou quelque chose vient d'emprunter tous les manuels de magie, lui annonça Chris.

– Sans même les faire enregistrer ! s'exclama Mlle Hibbins, soudain ennuyée. C'est tout à fait contraire au règlement.

– Les fantômes réussissent toujours à contourner les lois, renchérit Kevin, l'air de tout connaître du sujet.

– Vous pensez vraiment qu'il y en a un ici ? demanda la bibliothécaire.

– Rien n'a encore été prouvé, répondit Tina d'une voix ferme. Mais nous aimerions procéder à quelques tests. Nous aurons besoin du fantômètre.

– Le fantômètre ? répéta Mlle Hibbins.

– Une de mes inventions personnelles, expliqua Tina. Le fantômètre sert à détecter les fantômes. Nous l'avons déjà utilisé avec beaucoup de succès [1].

– Je vois, dit Mlle Hibbins. Eh bien, il me semble que c'est une bonne idée. Après tout, personne ne tient à ce qu'un fantôme mal intentionné se promène dans les rayonnages.

– Il flanquerait une frousse bleue aux gens, convint Kevin.

– Oh, ce n'est pas ce qui m'inquiète ! se récria Mlle Hibbins. C'est pour les livres que je ne suis pas tranquille. Je n'ai pas envie qu'un fantôme avale tous mes ouvrages !

– Euh… nous allons faire de notre mieux, intervint Chris.

– Quoique, reprit la bibliothécaire, qui

---

1. Lire *Les Petits Génies contre les fantômes*, n° 806.

commençait à se prendre au jeu, cette présence anime un peu les lieux, n'est-ce pas ?

– Tant que nous n'avons pas enquêté, il vaudrait mieux ne parler de cela à personne, l'avertit Tina.

– Oh, naturellement ! chuchota Mlle Hibbins avec des airs de conspiratrice. Tu as raison.

4
Dans le garage

– Eh bien ! s'exclama M. Barnes. Heureusement que ta mère n'est pas là pour entendre ça !

– Je sais, répondit Chris. Elle n'aime pas trop les fantômes.

La mère de Chris était professeur de mathématiques à l'université et, par bonheur, elle s'était absentée quelques jours pour une conférence. Mme Barnes croyait aux nombres très longs avec virgule. Elle croyait aux fractions et aux additions. Elle ne croyait pas aux fantômes. Mais, quelques mois plus tôt, elle avait eu la chance de vivre une expérience enrichissante : la maison des Barnes avait été envahie par des oiseaux fantômes.

Suite à quoi la mère de Chris avait dû – à contrecœur – admettre que les fantômes existaient. Chris, aidé de Tina et Kevin, avait finalement réussi à faire disparaître les

oiseaux fantômes avant que Mme Barnes ne devienne folle.

– Ils hantent de drôles d'endroits, n'est-ce pas ? continua M. Barnes en secouant la tête, stupéfait. La bibliothèque, c'est incroyable ! Et des livres de prestidigitation ! Pour quelle raison un fantôme peut-il avoir besoin de manuels de magie ? Passe-moi la scie, s'il te plaît.

M. Barnes bricolait une étagère dans le garage,

et Chris regarda avec admiration son père scier une planche épaisse sans dévier.

Chaque fois que lui essayait de scier, il allait de travers, ou la lame de la scie se coinçait. Il aimait fabriquer des modèles réduits et assembler des maquettes, surtout des avions, mais il n'avait aucune habileté pour travailler le bois.

– Tina veut faire des expériences avec le fantômètre, demain, annonça-t-il.

– Ah ! Le fameux fantômètre, dit M. Barnes en souriant. Elle est très douée pour inventer des machines.

Chris acquiesça tristement du menton en se demandant pour quoi *lui* était très doué.

– Dis, papa, tu penses vraiment que Tina est un génie ?

Intrigué, M. Barnes observa son fils.

– Disons qu'elle a une grande confiance en elle, répondit-il. Mais, si tu veux mon avis, Chris, je crois qu'elle a un peu *trop* confiance en elle. N'oublie pas qu'elle a connu des échecs.

Chris hocha la tête, soulagé. Il n'avait pas oublié. Régulièrement, M. et Mme Einstein mettaient un terme à l'entreprise de génies de Tina et Kevin. Ça arrivait quand ceux-ci dépassaient les bornes. Quand des odeurs étranges et alarmantes montaient de leur atelier situé au sous-sol de la maison. Quand trop d'ustensiles de cuisine disparaissaient mystérieusement. Quand les plantes commençaient soudain à pousser comme des géantes.

– Sois prudent, demain, conseilla M. Barnes à son fils avec un sourire.

– Ne t'inquiète pas, répondit Chris.

Il savait que, même si les fantômes étaient parfois effrayants, ils ne faisaient de mal à personne, dans la réalité.

– De toute façon, reprit-il, je pense que ce n'est pas un fantôme.

– Ah bon ? s'étonna M. Barnes. Pourquoi ça ?

Chris ne pouvait l'expliquer. C'était juste un pressentiment. Des fantômes emprunteraient-ils des livres à la bibliothèque ? Feraient-ils des bruits de pas en se déplaçant ? Peut-être que oui, peut-être que non. À moins qu'il l'ait seulement imaginé.

– Ça n'avait pas l'air d'un fantôme, confia Chris à son père. C'est tout.

Il n'en dit pas plus.

5
Un mauvais tour de magie

Le lendemain matin, Chris retrouva Tina et Kevin à la bibliothèque. C'était un samedi, et il n'y avait presque personne. Les poches de Kevin débordaient de mouchoirs. De temps en temps, il en attrapait un en vitesse et se mouchait bruyamment. Tina portait le fantômètre autour du cou, accroché à une épaisse lanière. Il ressemblait à un grille-pain, auquel on aurait ajouté des tas de manettes et de boutons.

Mlle Hibbins examina l'engin avec émerveillement.

– C'est toi qui l'as inventé toute seule ? demanda-t-elle à Tina.

– Exact.

– Incroyable ! Tu es sûrement l'inventrice la plus jeune et la plus brillante de tous les temps !

– Il se pourrait que vous ayez raison, admit Tina avec un petit sourire.

– S'il vous plaît, murmura Kevin à la bibliothécaire, ne la flattez pas. Sinon, elle va être encore pire.

– Et si nous nous mettions au travail ? lança Tina sur un ton professionnel. Mademoiselle Hibbins, rendez-nous service, restez ici. Comme ça, vous découragerez ceux qui souhaiteraient aller à la réserve avant que nous n'en ayons terminé.

– D'accord, acquiesça Mlle Hibbins, visiblement ravie d'avoir un rôle à jouer, aussi petit soit-il.

Ils descendirent dans la réserve. Tina se coiffa des vastes écouteurs et tripota le fantômètre.

– Le fantôme doit avoir laissé des traces, fit-elle, songeuse. Je vais procéder à quelques relevés.

Chris attendit impatiemment pendant que Tina arpentait les rangées de rayonnages, très concentrée. Il restait persuadé que ce qu'ils avaient vu la veille n'était pas

un fantôme. Sauf qu'il ne pouvait pas le dire à Tina. Elle se serait contentée de secouer la tête en déclarant que ce n'était pas scientifique. C'est ainsi que ça se passait quand on avait des génies pour amis.

– C'est extrêmement bizarre, finit par chuchoter Tina. Je ne repère rien. Pas le moindre bip.

– Et des bzzz ? s'enquit Kevin. As-tu des bzzz ?

– Non, Kevin, soupira sa sœur. Aucun bzzz.

– Mauvais signe, déclara le rouquin. Quand on n'a ni bzzz ni…

– Chut ! lança Chris.

À travers un trou dans les étagères, il venait d'apercevoir une pile de livres qui volait dans leur direction. Il plongea à l'abri d'un chariot tout proche, et les Einstein se dépêchèrent de l'imiter.

– Et mets-toi bien ça dans le crâne, Kevin, murmura Tina : tu éternues encore une fois, et je demande à maman et papa de te faire adopter.

Les livres fantômes empilés surgirent au détour d'un rayonnage et planèrent quelques instants.

Puis, un à un, les manuels reprirent leurs places respectives sur l'étagère.

« S'il s'agit d'un fantôme, pensa Chris, il est au moins très bien élevé. Mlle Hibbins appréciera. »

Il jeta un coup d'œil à Tina. Elle serrait fort le casque contre ses oreilles et fronçait les sourcils, apparemment troublée. Impatient, Chris lui arracha les écouteurs et les posa sur ses oreilles.

Il n'y avait aucun bruit. Pas un bip, pas un bzzz, pas le moindre geignement de fantôme.

– Le fantômètre doit être cassé, déclara Tina du bout des lèvres.

– À moins que ce ne soit pas du tout un fantôme, lui répondit-il de la même façon.

Le dernier ouvrage avait mystérieusement réintégré sa place sur le rayon, et Chris scruta les airs avec attention, cherchant des lueurs de fantôme. Mais il ne détecta aucune silhouette.

– Ça ne sert à rien, lâcha une voix d'homme doucement. À rien du tout.

Chris sentit les poils de ses bras frissonner, comme parcourus par un courant électrique.

– Qui est là ? lança-t-il en tremblant un peu.

– Personne ! répondit la voix, effrayée.

– C'est un fantôme ! cria Kevin.

– Êtes-vous un fantôme ? demanda calmement Tina.

– Non, dit la voix avec tristesse. Je ne suis pas un fantôme. Je suis juste… invisible.

– Pourquoi ? voulut savoir Chris en émergeant de derrière le chariot.

– À cause de la magie, expliqua l'homme. D'un très mauvais tour de magie.

– Quelqu'un vous a rendu invisible ? continua Chris.

– J'espérais que personne ne l'apprendrait jamais. C'est trop humiliant ! s'exclama l'homme. Mais à quoi bon le cacher, maintenant ? C'est moi-même qui me suis rendu invisible. Je suis magicien.

– Un magicien ! piailla Kevin, enthousiaste. Waouh ! C'est la première fois que j'en rencontre un !

– C'est que… je ne suis pas très bon. Je suis plutôt un apprenti.

– Oh, vous apprenez seulement, alors, commenta Kevin.

– Kevin, soupira Tina, c'est exactement ce que signifie « apprenti ».

– Oups ! Désolé !

– Donc, vous vous êtes rendu invisible

exprès ? s'enquit Chris, qui n'était pas sûr de bien comprendre.

– C'est une triste histoire, répondit le prestidigitateur mélancolique. Je donnais une petite représentation, pour un anniversaire. En fait, c'était mon tout premier spectacle. Et les enfants invités n'étaient pas un bon public. Ce n'était pas facile de les impressionner. Ils se sont vite impatientés. Ils m'ont hué, ils ont sifflé. Du coup, j'ai commencé à faire n'importe quoi ! J'ai voulu sortir un lapin de mon chapeau et, à la place, j'en ai tiré un concombre ! À partir de là, ça a été la dégringolade.

Chris attendit que le magicien poursuive.

– Alors, je me suis dit que j'allais tenter un dernier tour. Je ne l'avais pas prévu, mais avais-je vraiment le choix ? Je devais accomplir un numéro exceptionnel, sinon c'en était fini de ma réputation ! J'ai essayé celui de la Disparition ! Et ça a parfaitement fonctionné !

– Vous avez dû être drôlement content, fit remarquer Kevin.

– Oh, ça oui ! Mais pas plus de trente secondes. Parce que, ensuite, j'ai découvert que je n'arrivais pas à réapparaître. Voilà pourquoi je suis ici… ou plutôt que je n'y suis pas. Tout est un peu confus quand on est invisible ! Au fait, je m'appelle Vikram Kapur.

– Chris Barnes.

Sans réfléchir, il tendit la main et se sentit aussitôt idiot. Avant qu'il ait eu le temps de la rentrer dans sa poche, des doigts invisibles se saisirent des siens. Tout son corps le picota, et il vit, stupéfait, son bras tressauter dans l'air. Il échangeait une poignée de main invisible !

– Ravi de te rencontrer, Barnes, dit le magicien. D'ailleurs, je suis heureux de vous connaître tous les trois. On se sent terriblement seul quand on est invisible.

– C'est pour ça que vous avez emprunté les manuels de magie ? demanda Chris.

Pour trouver un moyen de redevenir visible ?

– Oui. Mais aucune formule n'a l'air de marcher.

– On peut vous aider, nous ! lâcha étourdiment Kevin, plein d'entrain. On est des génies !

Tina lança un coup d'œil glacial à son frère.

– Monsieur Kapur, expliqua-t-elle, vous n'avez sans doute pas entendu parler de nous, mais nous avons une petite entreprise de génies. Nous sommes spécialistes de tout. Donne-lui une de nos cartes, Kevin.

Le rouquin chercha dans les poches de son pantalon et en tira un rectangle de papier corné. Il souffla dessus pour en chasser la poussière et le tendit en l'air, où il s'envola doucement de ses doigts.

– Ah ! commenta M. Kapur alors que la carte s'immobilisait. Vous êtes des génies en tout genre, à ce que je vois.

– En effet, acquiesça Tina. Permettez-moi d'être directe, monsieur Kapur. M'occuper de votre cas m'intéresserait beaucoup. Je suis justement en train de mener des expériences à l'aide d'un rayon énergétique qui pourrait résoudre votre problème d'invisibilité.

– Alors, c'est sur ça qu'on travaillait ! s'exclama Kevin. Un rayon énergétique ! Elle ne me dit jamais rien, ajouta-t-il à l'intention de Chris en secouant la tête.

– Vous pensez vraiment pouvoir mettre fin à mon invisibilité ? demanda M. Kapur, alléché.

– Je ne vous promets rien ; mais, vu nos innombrables succès par le passé, c'est fort probable.

– Ce serait fantastique ! s'écria le magicien.

– Retrouvons-nous ici dans quelques jours, suggéra Tina. Je me mets au travail immédiatement.

6
Le rayon énergétique

– J'ai toujours rêvé d'apprendre la magie, déclara Chris.

– Moi aussi, prétendit Kevin.

– Non, ce n'est pas vrai ! le contredit Tina, qui fouillait dans sa boîte à outils.

– Si ! insista vivement le garçon. Tu ne sais pas tout de moi ! J'ai souvent voulu devenir magicien !

– Rappelle-toi ce que j'ai dit à propos de ta cervelle, Kevin ! objecta Tina.

– Je sais, je sais, bougonna son frère. Elle est petite.

– *Toute* petite.

Chris secoua la tête : ces derniers temps, Tina était très dure avec Kevin.

Elle avait commencé à travailler sur son rayon énergétique dans l'atelier en sous-sol des Einstein. Assis sur une caisse en bois à côté de Kevin, Chris feuilletait un des manuels de prestidigitation qu'ils

avaient rapportés de la bibliothèque.

– C'est un bon livre, lança-t-il à Kevin. Il contient toutes sortes de leçons pour les débutants.

– Des âneries ! décréta Tina avec mépris tout en branchant son fer à souder. Ce ne sont que tours de passe-passe et supercheries. Il n'y a absolument rien de scientifique là-dedans. Vous n'avez pas l'impression de perdre votre temps ?

– Non, répliqua Chris. En tout cas, pas moi. Peut-être qu'en apprenant un peu de magie nous réussirons à mieux aider M. Kapur.

– Laisse-moi donc m'occuper de cela, dit Tina, tandis qu'elle faisait fondre des boulettes de plomb sur des fils électriques.

Chris examina la machine posée sur l'établi de la fillette :

– On dirait un projecteur de cinéma.

– C'en était un, confirma Kevin. Avant que Tina ne mette la main dessus. Tu te rends compte ? Et si maman et papa ont envie de regarder un film ?

– Fiche-moi la paix ! rétorqua Tina. Ça, c'est vraiment important, non ? Et puis, je leur conseille d'acheter un caméscope depuis des années. Qu'est-ce qu'ils peuvent être vieux jeu !

Kevin, qui relisait le livre de magie, poussa un petit grognement.

– Hé ! Je crois que j'arriverais à réaliser ce tour-là ! Je vais essayer, tiens ! ajouta-t-il en s'emparant d'un jeu de cartes. Choisis une carte, Barnes ! N'importe laquelle.

Chris s'exécuta.

– Euh… peut-être pas celle-là, se ravisa Kevin en jetant un coup d'œil aux instructions du manuel. Essaie plutôt… celle-ci.

En souriant, Chris prit la carte que lui tendait le rouquin.

– Bon, lança Kevin. C'est parti !

Il battit le jeu, le divisa en plusieurs

tas, qu'il fit tourner rapidement sur la table avant de les rassembler de nouveau. Il regarda quelques cartes, les mélangea une deuxième, puis une troisième fois. Il les tapota contre les jointures de ses doigts, puis pressa ceux-ci contre ses tempes.

– Tu as choisi l'as de pique, Barnes, annonça-t-il.

– Non, répondit Chris en vérifiant sa carte.

– Comment ça, non ?

Kevin reprit le paquet et se remit à le battre.

– Le trois de carreau, alors ?

– Encore raté !

Tina leva les yeux de son engin et poussa un soupir :

– Non mais, regardez-vous, tous les deux ! Vous ne pensez tout de même pas que cela va aider M. Kapur ?

– Le douze de carreau ! s'écria Kevin.

– Ça n'existe pas, le douze de carreau, lui signala Chris.

– Tu as le quatre de trèfle, Barnes, dit Tina.

– Comment as-tu deviné ? souffla Chris, abasourdi.

– J'ai tout simplement regardé ta carte. C'est la méthode la plus simple et, donc, la plus logique.

– Bah ! maugréa Kevin. D'abord, tout ça n'est pas de la vraie magie. Juste un truc pour débutants. Il me faudrait quelque chose de plus difficile.

– Posez ces cartes, ordonna Tina aux deux garçons. Il est temps de tester le rayon énergétique. Mets-toi là-bas, Kevin.

Elle tendait impérieusement le doigt vers l'autre côté de la pièce.

– Pour quoi faire ? demanda son frère, un peu inquiet.

– Pour expérimenter le rayon énergétique.

– Pas sur moi ! protesta le rouquin.

– Avant, tu devrais peut-être l'essayer sur autre chose, suggéra Chris. Quelque chose qui ne soit pas vivant.

– Tiens, prends ma chaussure, proposa Kevin en retirant promptement l'une de ses baskets rouges, qu'il plaça au sommet d'un carton.

– D'accord, soupira Tina. Que tout le monde recule !

Elle poussa une manette. Le projecteur cliqueta et bourdonna un moment avant d'émettre un mince faisceau lumineux violet, qui alla frapper la basket de Kevin. La chaussure rougeoya violemment quelques secondes, puis s'évapora.

– Stupéfiant ! balbutia Kevin.

– Il me semble que c'est un succès, confirma sobrement Tina.

– Es-tu capable de la faire reparaître ? demanda Chris.

Lui aussi était impressionné, mais il savait par expérience que les inventions de Tina avaient parfois des effets surprenants.

– Bien sûr ! Il suffit juste d'inverser le rayon énergétique. Regarde !

Elle s'affaira quelques secondes sur sa machine.

Le rayon de lumière se ralluma. Lentement, un objet se matérialisa sur le carton. C'était une chaussure – aucun doute là-

dessus –, mais pas du tout la basket que Kevin avait ôtée de son pied. Elle était noire et plus petite de moitié que l'original. Les lacets avaient brûlé, et une épaisse fumée s'échappait des semelles en caoutchouc.

– Flûte ! s'écria Tina. On dirait qu'on a un petit problème.

– Un *petit* problème ! s'exclama Kevin. Ça aurait pu être moi !

– Je crois que ton engin n'est pas encore complètement au point, intervint Chris. Il est dangereux pour les gens.

– C'était ma plus belle paire de baskets ! se lamenta Kevin en ramassant avec précaution sa chaussure fumante.

7
Être invisible

– Ce n'est pas facile, d'être invisible, affirma Vikram Kapur le lendemain à la bibliothèque. Le bus ne s'arrête pas quand on lui fait signe. Il est impossible de se faire servir dans les magasins. Et essayez seulement de marcher dans la rue sans que les gens vous rentrent dedans ! Les personnes invisibles n'ont aucun droit !

– Ça doit être en effet très dur, reconnut Chris. Je suis désolé, nous n'avons pas de bonnes nouvelles à vous annoncer. Le rayon énergétique n'est pas encore opérationnel.

– Je suis certaine que ce n'est qu'une question de petits réglages, affirma Tina.

– En tout cas, je vous suis très reconnaissant de votre aide, dit le prestidigitateur invisible. J'ai passé toute ma journée d'hier à essayer de réapparaître, mais ça ne marche toujours pas. J'ai été bien imprudent en voulant devenir magicien. Je ne suis pas doué, d'une façon générale.

– Je comprends ce que vous ressentez, le consola Kevin. Je suis un génie, mais ma sœur est un génie bien plus grand encore. C'est déprimant, parfois.

– J'ai appris quelques tours de magie, risqua timidement Chris. Et je me demandais si vous accepteriez de me donner des tuyaux sur le numéro de la boule de billard.

– Pourquoi moi ? fit le magicien d'une voix triste. Je suis nul.

– Je parie que vous pourriez me montrer. Regardez ! J'ai apporté le matériel.

Il tira de son sac à dos une boule de billard rouge vif, une petite boîte en bois et un grand mouchoir en soie. Des années plus tôt, sa tante Liliane lui avait offert un jeu de magie pour son anniversaire, et il avait fouillé son placard pour le retrouver.

– Eh bien…, hésita M. Kapur.

– Je vous en prie, insista Chris.

– Bon, d'accord. Je me débrouillais plutôt bien, pour ce tour-là. Voyons un peu… Laisse-moi essayer.

Les mains invisibles du prestidigitateur soulevèrent la boule rouge et le mouchoir dans les airs et les montrèrent aux enfants. Puis M. Kapur agita le mouchoir en le faisant tourbillonner autour de la boule, qu'il dissimula aux regards.

– Observe bien, maintenant, dit-il. Je mets la boule dans la boîte.

Chris suivit attentivement les gestes de M. Kapur, qui ouvrit la boîte et y déposa la boule. Il en referma ensuite le couvercle et la tendit à Tina.

– Ouvre-la.

Tina secoua la boîte avec suspicion pour vérifier si la boule était toujours à l'intérieur. Puis elle ôta le couvercle et retira le mouchoir. La boule de billard avait disparu sans laisser de trace !

– Étonnant ! s'exclama Kevin. Où est-elle ?

– Exactement où je l'ai mise, répondit le magicien. Dans la boîte.

Et, reprenant celle-ci, il en sortit la boule.

– Il y a sûrement un truc élémentaire là-dessous, grommela Tina.

– Non, aucun truc, répondit M. Kapur. C'est juste de la prestidigitation. Je vais te montrer, Barnes.

Guidé par les mains invisibles de M. Kapur, Chris répéta le tour de passe-passe. Il avait l'impression d'avoir des gestes gracieux et adroits. Le garçon sentit la magie passer des doigts de M. Kapur dans les siens et entrer dans la boule de billard, le mouchoir et la boîte en bois.

Une deuxième fois, Tina ouvrit la boîte sans y découvrir la boule. Alors, Chris fit resurgir celle-ci par magie. Il ne put s'empêcher de sourire en voyant le visage de Tina se renfrogner.

– Stupides supercheries ! ronchonna-t-elle. Rien d'autre !

– Vous êtes un bon professeur, déclara Chris à M. Kapur.

– Tu le penses vraiment ? demanda le magicien invisible.

L'espace d'un instant, Chris crut voir une silhouette qui vacillait dans l'air. Il plissa les yeux, plein d'espoir. C'était comme si M. Kapur avait réapparu durant quelques secondes ; mais l'image floue s'évanouit rapidement.

– Je ne suis pas un bon magicien, pourtant, reprit M. Kapur, qui semblait de nouveau très triste. Tina a raison. Tout ça, ce ne sont que des tours de passe-passe plutôt sots. Ils ne m'aideront pas à revenir. Je ne suis pas assez bon, c'est tout. Et il ne me reste plus beaucoup de temps non plus. Lorsqu'on est trop longtemps coincé dans le numéro de la Disparition, on risque de disparaître *à jamais*.

– Mais… c'est horrible ! s'écria Chris. Il doit exister d'autres livres de magie, d'autres trucs, d'autres formules qui pourraient vous aider ! Je vais commencer à chercher immédiatement !

– Ne vous inquiétez pas, monsieur Kapur, dit Kevin d'une voix rassurante. Nous allons mettre au point le rayon énergétique. Après tout, nous sommes des *génies*.

8
Tours de magie

– Hé, c'est que tu deviens bon ! lança M. Barnes.

Chris sourit. Il s'était entraîné à effectuer des tours de magie dans le garage, tandis que son père bricolait son étagère à coups de marteau et de ponceuse. Désormais, Chris réussissait le numéro de la boule de billard à la perfection, et il se débrouillait également très bien avec plusieurs autres tours.

– Tout ça est plutôt simple, confia-t-il à son père en faisant virer du vert au jaune un grand mouchoir.

– Ça n'a pas l'air si facile, objecta M. Barnes. Moi, je n'y arriverais pas. Je n'aurais pas assez confiance en moi.

Chris rougit de plaisir. Pour la première fois, il sentait qu'il était vraiment doué pour quelque chose.

– Bah ! dit-il. Tina pense que c'est une perte de temps. Elle n'est pas du tout impressionnée.

– Eh bien, moi, je le suis.

– Oui, mais tu es mon père !

– Je ne te contredirai pas sur ce point-là. Comment va M. Kapur ?

– Je suis très inquiet pour lui, avoua Chris en posant son matériel de magie. Kevin et moi avons cherché d'autres manuels de prestidigitation, et nous n'avons rien trouvé de nouveau. Mlle Hibbins a promis d'enquêter, elle aussi. Le problème, c'est qu'il ne nous reste plus beaucoup de temps.

– Et où en est le rayon énergétique de Tina ?

Chris haussa les épaules :

– Peut-être qu'il sera prêt à temps. Mais je pense qu'il faudrait quelque chose de plus puissant pour faire réapparaître M. Kapur.

– Tu n'as sans doute pas tort. Tina est trop terre à terre.

– Pourquoi tu dis ça ?

– Tu verras ! Elle risque d'avoir quelques surprises.

Regardant sa montre, Chris bondit sur ses pieds.

– Il faut que j'y aille, annonça-t-il. Tina et Kevin testent une nouvelle fois leur rayon énergétique.

– Kevin, je suppose que tu n'es pas volontaire pour le test, dit Tina. Même pas pour

une partie de ton corps ? Une jambe, ou une main, peut-être ?

– N'y compte pas !

– C'est bien ce que je pensais. Tant pis ! J'ai apporté un autre cobaye.

Elle ouvrit un vieux coffre et en sortit une girafe en peluche. Elle la posa sur le carton à l'autre bout de la pièce, puis reprit sa place derrière le projecteur :

– Voyons voir si ça marche…

Le faisceau de lumière violette jaillit de la machine, et la girafe en peluche s'évapora aussitôt.

– Jusqu'à présent, c'est parfait, commenta Chris avec entrain. Fais-la réapparaître, maintenant.

Tina tripota son engin avant de le rallumer. Le rayon lumineux surgit et, lentement, la girafe se matérialisa. Cette fois, elle était intacte – aucune brûlure, pas de fumée, pas de fourrure noircie.

Le seul ennui, c'est qu'elle était au moins deux fois plus haute qu'avant.

Tina la contempla quelques instants, l'air pensif.

– Bon, finit-elle par déclarer, on y est presque.

– Pas du tout ! protesta Chris. Nous ne pouvons pas utiliser cet appareil sur M. Kapur ! Il reviendrait aussi grand qu'un géant !

– Mouais, maugréa Tina. Je te trouve un peu pointilleux, quand même.

– Écoute, répliqua fermement Chris, il n'y a qu'une seule façon de rendre M. Kapur visible. C'est d'utiliser les mêmes moyens que ceux qui l'ont fait disparaître ! La magie !

9
Une nouvelle formule magique

– Je l'ai déniché dans le sous-sol où nous conservons les livres rares de la bibliothèque, annonça Mlle Hibbins, tout excitée. Ça m'a pris des heures !

Elle tendit à Chris un épais volume relié en cuir. Les fines pages bruissèrent quand il les tourna. C'était un très vieux livre de magie, écrit à la main, en lettres fluides dont l'encre avait passé, rempli d'étranges diagrammes et symboles.

– Merci beaucoup, lança Chris avec gratitude.

Il feuilleta rapidement le manuscrit jusqu'à ce qu'il trouve ce qu'il cherchait. Les toutes dernières pages étaient consacrées au numéro de la Disparition, avec des instructions pour reparaître.

– Ça devrait faire l'affaire, marmonna le garçon. Je ne me souviens pas d'avoir vu cette formule-là ailleurs. Elle est peut-être assez puissante pour ramener M. Kapur !

– Je pense que nous perdons notre temps, déclara Tina.

– Qu'est-ce que tu en sais ? rétorqua Chris.

– Ça ne coûte rien d'essayer, intervint Kevin d'une petite voix.

Tina le fusilla du regard.

– Notre rayon énergétique est cassé, non ? s'entêta son frère.

– Cassé, tu y vas un peu fort, Kevin, protesta Tina d'un ton sec. « Pas encore au point » serait plus juste.

– C'est la chose la plus excitante qui me soit jamais arrivée ! avoua tout à coup Mlle Hibbins, rose de plaisir.

Chris sourit.

– J'en suis heureux. Venez, ajouta-t-il en se tournant vers Tina et Kevin. M. Kapur ne va plus tarder.

Ils attendirent le magicien invisible en bas, dans la réserve. Lorsqu'il les rejoignit, Chris lui parla brièvement de la formule qu'ils avaient découverte dans le vieux manuscrit.

– Je doute que ça soit efficace, gémit M. Kapur. Rien ne semble marcher, dans mon cas.

– D'abord, expliqua Chris, qui lisait le livre poussiéreux, il faut que vous fassiez le vide dans votre esprit.

Le magicien se tut un long moment.

– J'y suis. Ensuite ?

– Contrôlez votre respiration.

– Ça y est.

– Dessinez dans l'air un cercle avec votre main gauche et un triangle avec votre main droite.

Tina secoua la tête avec mépris. Elle n'y croyait pas du tout.

– Et maintenant, lisez le reste vous-même, termina Chris en soulevant le lourd volume.

– Waxum. Holvex. Intra Quandum ! murmura M. Kapur lorsque les pages craquelées furent à la bonne hauteur. Javex. Ultrex. Mega Maxum !

– Continuez ! l'encouragea Chris.

– Optrex. Apex. Visitixis !

Un long silence s'ensuivit. Chris scruta l'air devant lui avec impatience, mais rien ne se produisit.

– Ça ne marche pas, se désespéra M. Kapur. Je le savais. Je suis un prestidigitateur lamentable. Même avec une recette de cuisine, je suis mauvais ! Alors, une formule magique, tu penses !

– Je suis navré, murmura Chris, déçu. J'étais sûr que c'était la bonne formule.

– Ce n'est pas ta faute, Barnes. C'est que je ne suis bon à rien ! J'ai été bien sot de vouloir devenir magicien !

10
Le plan

Assis dans l'atelier en sous-sol des Einstein, Chris regardait vaguement Kevin qui tentait d'accomplir un tour de magie. Il se sentait démoralisé et impuissant. M. Kapur allait bientôt disparaître à jamais, et Chris n'arrivait pas à trouver d'idée astucieuse qui l'aiderait.

À côté de lui, Tina contemplait l'espace vide sur son établi.

– Je n'arrive pas à le croire ! Ils me l'ont

confisqué ! grommela-t-elle. Ils ne tiennent aucun compte des recherches scientifiques !

– Maman et papa ont emporté l'engin au magasin, expliqua Kevin à Chris. Ils cherchent un réparateur qui soit capable de transformer de nouveau la machine à rayon énergétique en projecteur.

– Ils n'ont aucune chance, marmotta Tina. Ils ne savent pas à quoi ils s'attaquent.

– Hé ! s'exclama Kevin. Je crois que je l'ai. Regarde ça, Tina. Je prends ces deux dés.

Il serra son poing autour des dés.

– Et maintenant, je prononce la formule magique…

Kevin marmonna quelque chose en faisant de grands gestes.

– Puis j'ouvre la main, et…

– Les dés sont toujours là, lança Tina, moqueuse, en tendant le doigt vers la paume de son frère.

– Quoi ? C'est pas juste ! s'emporta Kevin. Ça a marché, la dernière fois. Tu dois me porter la poisse, Tina ! Je n'ai plus confiance en moi quand tu es là !

Soudain, Chris eut un déclic :

– C'est ça !

– Quoi ? demanda Kevin.

– Voilà pourquoi M. Kapur ne parvient pas à redevenir visible !

– Quelqu'un lui porte la poisse ? essaya de deviner Kevin.

– Non, non ! s'exclama Chris en se levant d'un bond. C'est parce qu'il a perdu toute confiance en lui !

– Explique-toi clairement, Barnes, lui ordonna Tina d'une voix calme.

– Ce n'est pas la magie, le problème, continua Chris, excité. M. Kapur ne peut pas réapparaître, car il pense qu'il est un très mauvais magicien. Il ne *veut* pas revenir ! Il préfère rester invisible !

Kevin approuva lentement de la tête.

– Parfois, j'aurais bien aimé être invisible, avoua-t-il.

– Et moi, parfois, j'aurais aimé te *rendre* invisible, renchérit Tina.

– Je crois savoir comment l'aider, dit Chris.

– Comment ? s'enquit Kevin.

– C'est juste une idée. Je dois d'abord y réfléchir.

– Vous allez faire un spectacle de magie, annonça Chris.

– De quoi diable parles-tu ? s'écria M. Kapur. Je suis invisible !

– Vous allez réapparaître et donner une représentation, s'entêta Chris.

– Oh que non ! Mon dernier spectacle a tourné au désastre ! Je n'en ferai pas d'autre, même pour un million de dollars !

– Il est trop tard, j'en ai peur. J'ai déjà tout arrangé avec Mlle Hibbins. Elle est d'accord pour nous laisser organiser la représentation à la bibliothèque la semaine prochaine.

– Mais c'est de la folie ! s'emporta M. Kapur. Comment vais-je réapparaître ? Avec le rayon énergétique ?

– Je ne vous le conseille pas, intervint Kevin. À moins que vous n'ayez envie de finir comme une chaussure carbonisée.

– J'ai découvert une magie très puissante, confia Chris sur un ton mystérieux.

– Ah bon ? s'étonna M. Kapur.

– Ah bon ? répéta Kevin.

– Oui, affirma Chris. Et, avant le spectacle, vous aurez réapparu, monsieur Kapur.

– Tu m'as l'air vraiment très sûr de toi, observa le prestidigitateur.

– Ça n'a encore jamais échoué. Pour personne. Alors, vous acceptez de donner la représentation ?

– Oh, bon, d'accord !

– Il y a autre chose, précisa Chris.

– Quoi ?

– J'aimerais être votre assistant. Bien sûr, seulement si vous estimez que je peux vous être utile, ajouta-t-il avec modestie. Je me suis entraîné tous les jours.

– Je n'ai jamais eu d'assistant, dit M. Kapur, songeur. Seuls les meilleurs magiciens en ont. L'idée me plaît bien. L'idée me plaît même beaucoup !

– Super ! s'exclama Chris. Nous allons dessiner des affiches, et nous les collerons un peu partout dans la bibliothèque et dans les salles de classe, à l'école !

– Le monde entier sera au courant ! promit Kevin.

– Nous allons travailler après tes cours, décida M. Kapur. Commençons tout de suite !

11
Le Grand Kapur

– Tu as l'air de t'être échappé d'un cirque ! se moqua Tina.

– C'est mon costume ! protesta Chris, indigné.

– Du calme ! Elle est seulement jalouse, le rassura Kevin.

C'était le jour du grand spectacle de magie, et tous trois attendaient M. Kapur à la bibliothèque. Chris jeta un coup d'œil derrière le rideau. Mlle Hibbins s'y affairait, terminant les ultimes préparatifs. Elle avait accompli un travail formidable. Elle avait accroché un rideau d'un côté de la vaste salle de lecture et avait disposé des rangées de chaises en arc de cercle pour le public. Des guirlandes noires et orange étaient tendues entre les étagères, et des ballons multicolores flottaient au plafond.

Les spectateurs commençaient à arriver et à prendre place.

– Où est-il ? demanda Chris, inquiet. Il va être en retard.

– Je suis ici, répondit une voix nerveuse tout près de lui. Écoute, Barnes, je ne crois pas que j'en suis capable. Je ne suis pas bon !

– Bien sûr que si, vous êtes bon ! répliqua Chris. Vous êtes même le meilleur ! Vous êtes génial !

– Vous êtes le Grand Kapur ! renchérit Kevin. Ne l'oubliez pas !

– Alors, cette magie puissante que tu m'as promise, Barnes ? s'enquit le prestidigitateur invisible. Elle va me faire réapparaître, hein ?

– Hum ! Voilà comment ça va se passer, expliqua Chris : je vais lire les mots à voix haute, et ils vous donneront la force de redevenir visible ! Vous êtes prêt ?

– J'espère que ça va marcher, marmonna le magicien d'un ton incertain.

Chris se racla la gorge :

– Tangente. Cosinus. Algorithme.

– Oh, j'adore ces mots, dit M. Kapur.

– Convexe. Vecteur. Parabole, continua Chris.

– Merveilleux ! s'enthousiasma le magicien. Je me sens déjà mieux.

– Quadrilatère. Octogonal. Trapézoïdal ! Rhomboïde. Ellipse. Hexaèdre !

– Oui, oui, il y a de la magie dans celui-là !

Chris s'aperçut que Tina s'apprêtait à

dire quelque chose, et il lui lança un regard qui l'en dissuada.

– Maintenant, vous n'avez plus qu'à revenir quand je vous donne le signal. Vous allez être fantastique !

– Tu le penses vraiment ?

– J'en suis convaincu, affirma Chris avec assurance.

Mlle Hibbins passa la tête à travers le rideau.

– Tout est prêt ? demanda-t-elle.

Chris hocha le menton.

– Est-ce que l'homme invisible est ici ? continua la bibliothécaire.

– Je suis là, l'informa M. Kapur.

– Passionnant ! s'exclama-t-elle. Tout simplement passionnant !

Le rideau fut tiré, et Chris, nerveux, s'avança vers le public. Il y avait pas mal de monde – des enfants, des parents. Kevin et Tina étaient en train de s'installer au premier rang, et le rouquin leva le pouce en signe d'encouragement. Chris ne vit pas son père, mais il savait qu'il était là et le regardait.

– Mesdames et messieurs, annonça-t-il de sa voix la plus forte, je suis ravi de vous présenter… le Grand Kapur !

Il balaya l'air en direction de l'endroit où M. Kapur était censé apparaître.

Mais il n'y avait rien à voir.

– Le Grand Kapur ! répéta Chris.

Et si M. Kapur s'était sauvé ? S'il avait pris peur ? Si la puissante magie de Chris n'avait pas été suffisante ?

Soudain, une centaine de pétards explosèrent en pétaradant, et de la fumée apparut.

Surpris, Chris en resta bouche bée.

La fumée se dissipa.

Il était là. Le Grand Kapur !

Les spectateurs applaudirent à tout rompre.

Il ne ressemblait en rien à l'idée que

Chris s'était faite de lui. Il l'avait imaginé plus grand et plus gros, avec une barbe touffue et un large torse. En réalité, M. Kapur n'était pas très impressionnant. Il était très petit et très mince. Il aurait eu l'air parfaitement ordinaire sans son grand haut-de-forme noir, sa cape violette qui l'enveloppait et son uniforme de magicien noir et luisant, rehaussé de liserés dorés.

Chris le trouva pourtant splendide.

Les applaudissements diminuèrent petit à petit.

Le Grand Kapur commença tranquillement son spectacle par le numéro de la boule de billard. Puis il accéléra le rythme. Il fit le coup du bocal sans fond et celui des cerceaux volants. Aidé de Chris, il exécuta ensuite le tour de la jonglerie mongole, celui de la tortue qui se transforme en lapin et enfin celui – extravagant – des courgettes flambées ! Le Grand Kapur était fabuleux !

L'assistance lui fit une ovation.

– Et maintenant, annonça le Grand Kapur, pour le final, je vais accomplir devant vous le numéro de la Disparition. J'ai besoin d'un volontaire dans le public.

La salle se tut aussitôt.

– Vous, peut-être, jeune fille ? demanda M. Kapur en tendant le doigt en direction de Tina Einstein.

– Moi ? lâcha celle-ci en sursautant.

Chris eut l'impression qu'elle avait légèrement pâli.

– Vous n'avez rien à craindre, ma chère. Venez, venez !

La fillette approcha de la scène d'un pas hésitant.

– Vous êtes sûr d'être à la hauteur ? murmura Chris au magicien.

– Je ne me suis jamais senti aussi en forme, répondit le Grand Kapur sur le même ton. Attention ! cria-t-il aux spectateurs.

Avec de très grands gestes, il cacha Tina

sous une grande couverture. Quand il la retira, la fillette avait disparu.

Le public fut stupéfait.

– Et maintenant, s'exclama le Grand Kapur en faisant virevolter une seconde fois la couverture, la voici, la voilà !

Il y eut un éclair de lumière, et Tina reparut, l'air un peu désorienté.

La représentation s'acheva dans un tonnerre de bravos. Des admirateurs se précipitèrent vers la scène pour demander des autographes au Grand Kapur. Chris aperçut son père, qui se frayait un chemin à travers la foule.

– Ça a été un spectacle formidable, déclara M. Barnes en serrant Chris dans ses bras. Tu as été génial.

– Merci.

– Tu as rendu cette bibliothèque bien plus intéressante ! affirma Mlle Hibbins. J'envisage d'organiser un spectacle de magie toutes les semaines !

– Il faudra que tu m'apprennes quelques-uns de ces tours ! dit Kevin.

Tina semblait toujours vaguement hébétée. Elle ne cessait d'examiner ses bras et ses jambes comme pour vérifier s'ils étaient bien attachés au reste de son corps.

– Je suis obligée de reconnaître, Barnes, lança-t-elle, que tes méthodes, bien que absolument pas scientifiques, t'ont permis de trouver la solution à un problème très difficile.

– Effectivement, renchérit le Grand Kapur. Sans Barnes, je serais encore invisible ! Et maintenant, dis-moi, où as-tu trouvé une magie aussi puissante ?

– Ce n'était pas du tout de la magie, confessa Chris. J'ai tout inventé.

– Tu as *quoi* ? s'étrangla le magicien, abasourdi.

– Ouais. Ce charabia, je l'ai pris dans un manuel de maths de ma mère. Vous êtes réapparu grâce à vos propres moyens.

– Mais… j'ai senti le pouvoir magique en moi ! On aurait dit un concentré de tonnerre et d'éclairs !

– Pas du tout ! répliqua Chris. C'est vous qui avez tout fait. Tout seul.

– Bon, si tu le dis…

Le magicien ne paraissait pas totalement convaincu, mais il semblait quand même content.

– Quoi qu'il en soit, reprit-il, j'aimerais te donner quelque chose en retour.

– D'autres leçons de magie ! lancèrent Chris et Kevin en même temps.

– D'accord ! acquiesça le Grand Kapur.

– Euh… je me demandais…, chuchota Kevin. Vous pensez que vous pourriez m'apprendre comment faire disparaître Tina ?

FIN